Der Bücherbär

Bunte Lesehits

Nina Schindler
lebt mit Mann und fünf Kindern in Bremen.
Sie war viele Jahre lang als Lehrerin und Literaturkritikerin tätig.
Heute schreibt und übersetzt sie sehr erfolgreich Bücher
für Kinder, Jugendliche und Erwachsene.

Betina Gotzen-Beek
hat Grafik-Design studiert und schon mit vielen Malern
in ihren Ateliers zusammengearbeitet.
Seit 1996 illustriert sie Kinderbücher für verschiedene Verlage.

Nina Schindler

Pferdegeschichten mit Freda

Illustrationen
von Betina Gotzen-Beek

EDITION
BÜCHERBÄR

In neuer Rechtschreibung

1. Auflage 2002
© Edition Bücherbär im Arena Verlag GmbH, Würzburg 2002
Einbandillustration von Betina Gotzen-Beek
Alle Rechte vorbehalten
Gesamtherstellung: Westermann Druck Zwickau GmbH
3-401-08247-7

Inhalt

Freda lernt Sternenkind kennen

»So ein Mist«, mault Freda und krault Morus,
während sie über ihr Unglück nachdenkt.
»Sechs Wochen Sommerferien und Papa hat
bloß drei Wochen Urlaub gekriegt, und jetzt
müssen wir die ganze Zeit hier bleiben, oh
nein – so eine Pleite, so eine hundekackebraune
blöde, doofe, ekelige –«

»Freda!«, ruft Mama. »Du hast Besuch!«

»Grrrch«, macht Freda. »Ich will jetzt keinen
sehen. Ich bin stinkesauer.«

Aber dann setzt sie das Katerchen auf den
Teppich und geht nach unten. Janka steht in der
geöffneten Wohnungstür und sagt: »Ich wollte
dich fragen, ob du mitkommen willst.«

»Mitkommen?«, knurrt Freda. »Ich bin sauer. Ich
bin wütend.«

»Na, deshalb kannst du doch trotzdem mitkommen, oder?«, sagt Janka.

»Wohin denn?«

»Auf die Pferdeweide.« Janka hat sich schon halb umgedreht. »Los, mach schon.«

»Was soll ich denn auf einer Pferdeweide?«, knöttert Freda. »Ich bin sauer und –«

»Ja, ja, das hatten wir schon.« Janka grinst sie über die Schulter hinweg an. »Los, hol dein Rad. Wir haben es eilig.«

»Ich hab es überhaupt nicht eilig«, widerspricht Freda, aber sie ruft noch schnell: »Tschüss, Mama, ich fahr mit Janka weg«, und geht hinter Janka her in den Vorgarten, wo ihr Rad steht. Während sie auf dem Deich entlang nach Habenhausen zischen, rätselt Freda im Kopf herum, was Janka auf der Pferdeweide will. Vielleicht reiten?

So ein Quatsch, Janka kann doch gar nicht reiten, die hat doch noch nie Reitstunden gehabt. Aber wozu will sie dann auf eine Pferdeweide? Der Fahrtwind pfeift Freda um die Ohren, und sie weiß, dass sie jetzt Janka nicht fragen kann, weil sie ganz schrecklich laut brüllen müsste, damit die sie hört.

Also strampelt sie hinter Janka her und rätselt rum. Es ist ein kühler Sommertag, die Sonne scheint zwar, aber so richtig sommerheiß ist es nicht. Freda ist froh, dass sie die Jacke anhat. Dann wird Janka langsamer und biegt ab. Sie fahren noch eine kurze Strecke zwischen Feldern und Wiesen entlang, und dann bremst Janka ab und winkt Freda zu, dass sie auch anhalten soll.

»Schau mal«, sagt sie leise, fast geflüstert, als ob es etwas so Besonderes wäre, dass man gar nicht laut reden darf. Freda kneift die Augen zusammen. Da steht ein Pferd, klar, auf einer Pferdeweide sind Pferde. Na und? Aber das . . . Sie sieht genauer hin. Da war doch . . .

»Och neee!«, entfährt es ihr. »Ist das süß!« Neben dem großen Pferd steht ein Fohlen, ein winziges Pferd mit ganz staksigen, hohen Beinen, die eigentlich viel zu lang für den kleinen Körper sind. Aber sonst sieht es ganz einwandfrei wie ein Pferd aus, findet Freda.

»Können wir mal näher ran?«, fragt sie.

»Wir können da an die Seite«, sagt Janka. »Auf die Weide dürfen wir nicht, hat Herr Harms gesagt. Sonst regt sich die Mutter auf.«

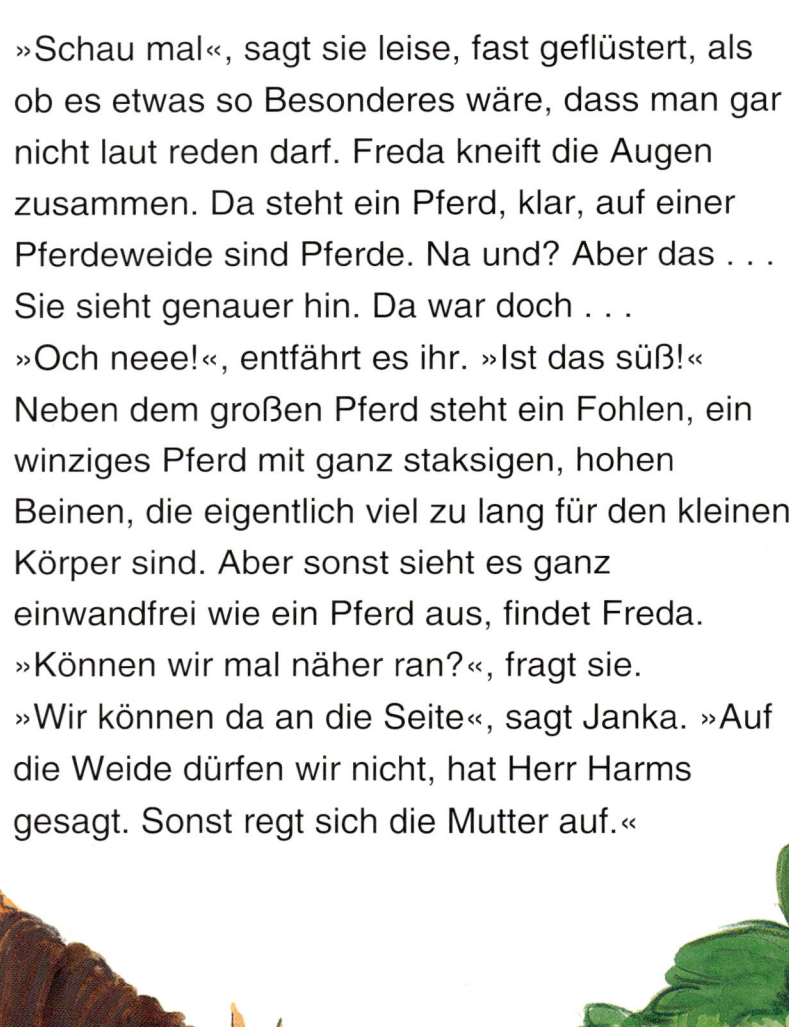

Sie schieben die Räder am Gatterzaun entlang
auf die Schmalseite. Nun können sie das Fohlen
noch besser sehen. Es hat dunkelbraunes,
dichtes Fell und jetzt läuft es ein paar Schritte,
stolpert über ein großes Grasbüschel, fängt sich
wieder, dreht sich um und stakst zu seiner
Mutter zurück.

Da legt es den Kopf ganz schräg und schiebt ihn
unter den Bauch der Stute. »Es trinkt«, erklärt
Janka. »Ist es nicht wunderschön?«

Eigentlich könnte Freda lachen, wie zuckersüß Janka sich aufführt, aber als sie dem Fohlen weiter zuschaut, muss sie auch ganz tief Luft holen, weil ihr so schwummerig wird, als ob sie ein bisschen heulen könnte. »Wahnsinn!«, sagt sie leise und Janka nickt.

»Es ist erst drei Tage alt«, sagt sie. »Und kann schon ganz allein laufen. Toll nicht?«

Freda nickt. Sie sieht gebannt zu, wie das Fohlen den Kopf zurückzieht und sich kurz schüttelt. Dann läuft es wieder ein paar Schritte. Die Stute grast, hebt nur kurz den Kopf, sieht zu ihrem Fohlenkind hin und grast weiter.

»Wie heißt es denn?«

»Es ist eine Sie«, sagt Janka. »Herr Harms nennt sie immer Sternchen. Weil sie einen Stern auf der Stirn hat.«

»Sternenkind«, sagt Freda. »Das hört sich doch super an, oder?«

»Sternenkind«, wiederholt Janka. »Klingt echt gut. Komm, wir fahren mal hin und erzählen ihm von deiner Idee.«

Freda steigt auf und ab

Weil die Ferien immer noch dauern und dauern
und es für das Freibad zu kühl ist, fährt Freda
mit Janka wieder über den Deich.
Glücklicherweise hat Bauer Harms auch noch
eine andere Weide mit Pferden.
Das Fohlen und seine Mutter sollen erst mal
allein bleiben und ihre Ruhe haben. Die anderen
Pferde sind auf einer großen Weide hinter einem
Wäldchen.
Die beiden Mädchen schließen ihre Räder ab
und klettern auf den Gatterzaun. Auf der letzten
Stange bleiben sie sitzen. »Wie Cowboys«, sagt
Freda und lacht. Sie hat schon mal einen
Westernfilm gesehen, da saßen die Cowboys
auf genau so einem Zaun und schauten zu, wie
einer von ihnen ein wildes Pferd zu reiten

versuchte. Aber die Pferde auf der Wiese vor ihnen sehen kein bisschen wild aus. Ganz gemütlich stehen sie da und rupfen Grasbüschel ab. Oder wedeln mit dem Schweif hin und her.

Vor solchen Pferden hat Freda überhaupt keine
Angst. Ganz im Gegenteil – wenn die so friedlich
sind, könnte sie ja mal selber Cowboy
spielen . . . das wäre doch toll!
»Weißt du, was?« Sie stupst Janka mit dem
Ellenbogen in die Seite. »Ich werde mal ein
bisschen reiten.«
»Duuuu?« Janka muss so doll lachen, dass sie
fast vom Zaun fällt. »Du kannst doch gar nicht
reiten.«
»Pöh«, sagt Freda. »Reiten kann doch jeder.
Man muss einfach bloß oben sitzen bleiben.«

Und solange ein Pferd nicht galoppiert, kann das Darauf-sitzen-Bleiben ja wohl nicht so schwierig sein, denkt sie. Und diese Pferde hier sehen alle nicht nach galoppieren aus, so dösig, wie die da rumstehen. Sie rutscht vom Zaun herunter und reißt dicke Grashalme ab. Und auch ein paar Holunderzweige von einem Busch.

»Was machst du denn da?«, fragt Janka neugierig. »Ich locke jetzt ein Pferd hierher«, erklärt Freda so selbstverständlich, als ob sie das dauernd machen würde. Sie hat jetzt ein dickes Grasbüschel und streckt es zwischen den Zaunbalken durch.

»Hierher, mampf, mampf, du alter Gaul, komm
mal hierher«, ruft sie und Janka kichert.
»Komm, komm, leckeres Gras«, lockt Freda
weiter und wahrhaftig, da hebt eins der Pferde
den Kopf und setzt sich in Bewegung. Ganz
gemächlich kommt es angelaufen.
Freda beobachtet es genau. Nee, also das sah
überhaupt nicht nach galoppieren aus.

»Komm runter, du musst ihm das jetzt
hinhalten«, sagt sie zu Janka. »Ich muss jetzt
rauf, damit ich aufsteigen kann.«
»Wenn du meinst«, sagt Janka und hüpft
runter.
Sie nimmt das Grasbüschel und wedelt damit
hin und her, während Freda rasch wieder auf
den Zaun klettert.

»Komm, komm«, lockt Janka, und da ist das Pferd auch schon da, es hat ein helles Fell, nicht schneeweiß wie die Schimmel aus den Märchen, sondern eher grauweiß.

»Du musst ihn noch einen Schritt weiterlocken«, sagt Freda. Das tut Janka auch, und dann steht der mächtige Pferdeleib fast ganz parallel zum Zaun. Freda holt noch einmal tief Luft, dann schwingt sie langsam ein Bein hoch und schiebt ihn über den Rücken. Das Fell fühlt sich an ihrem nackten Bein warm an. Sie verlagert ihr Gleichgewicht noch etwas weiter nach vorn und dann gibt sie sich einen kleinen Ruck und rutscht rüber. Sie sitzt auf dem Pferd!

Der Rücken ist viel breiter, als sie gedacht hat, sie muss die Beine ordentlich spreizen. Vor ihr biegt sich der lange Hals zu dem Gras herunter, das Janka dem Pferd immer noch hinhält.

»Siehst du«, sagt Freda stolz und verschränkt die Arme vor der Brust.

»Toll!«, schreit Janka und da macht das Pferd einen Schritt zur Seite. Freda kommt ins Rutschen, aber woran soll sie sich festhalten? Ganz langsam gleitet sie seitlich runter, rudert noch mit den Armen und plumpst dann mit einem Kiekser auf die Erde.

Das Pferd hat sich nicht mal umgesehen, sondern geht langsam zurück zu der Stelle, wo es vorhin gegrast hat.

Freda liegt auf der Weide und testet kurz durch, ob irgendwas wehtut.

Nein.

»Alles okay?«, fragt Janka ängstlich.

Sie hat die Augen vor Schrecken weit aufgerissen und sitzt wieder oben auf dem Zaun.

»Ich glaub schon«, sagt Freda und steht langsam wieder auf.

Nichts tut weh, alles ist noch dran. Sie klettert auf die obere Stange.

»Ätsch, und ich hab doch draufgesessen«, sagt

sie stolz. »Ja, aber du bist runtergefallen«, sagt
Janka und verzieht die Mundwinkel.
»Bloß weil du geschrien hast, du doofe Ziege!«,
sagte Freda.
»Sag das noch mal!«, faucht Janka.
»Ziege! Doofe Ziege!«, schreit Freda.
Janka versetzt ihr einen Stoß, Freda schubst
zurück – und im nächsten Augenblick haben
beide das Gleichgewicht verloren und liegen auf
der Erde.
»Siehst du, so war das«, sagt Freda und lacht.
»Ist doch nix dabei.«
»Nein, eigentlich nicht«, sagt Janka. »Vielleicht
versuch ich das mit dem Reiten morgen auch
mal.«

Nasser Sack und Klammeraffe

Freda ist selig.

Sie darf!

Es hat ja ein bisschen gedauert, bis sie Mama und Papa davon überzeugt hatte, aber nun ist sie zum Voltigieren angemeldet. Gesine Harms, die Tochter von Bauer Harms, kann richtig reiten und die hat gesagt, Voltigieren wäre eine gute Methode, um sich an Pferde zu gewöhnen.

Gesine gibt selber Voltigierkurse im Reitverein. Und nun haben Mama und Papa Freda einen Voltigierkurs geschenkt, damit es nicht so schrecklich öde Ferien sind, wo sie doch wochenlang gar nicht wegfahren. Zehnmal darf Freda mitmachen, und dann kann sie bestimmt

super reiten. Janka hat ihre Eltern gar nicht groß
fragen müssen, die finden Reiten toll und sehen
sich im Fernsehen auch immer die Reitturniere
an. Freda und Janka fahren mit der
Straßenbahn zur Reithalle, weil die am anderen
Ende der Stadt liegt, ziemlich weit weg. Sie sind
aufgeregt, weil sie nicht so ganz genau wissen,
was Voltigieren ist. Gesine hat es ihnen ein
bisschen erklärt und gemeint, es wäre wie
Turnen am Pferd.
»Wahrscheinlich müssen wir drüberspringen«,
sagt Janka und macht es sich auf dem Sitz
gemütlich. »Wie bei dem Holzpferd im
Turnen.«
»Quatschikowski«, sagt Freda. »Das ist doch
viel zu hoch. Und stell dir mal vor, wenn das
einfach losläuft. Dann springst du über Luft.«
»Hm«, macht Janka.
Sie sind beide sehr neugierig.

Die Reithalle ist ein riesengroßes Gebäude und sie müssen fast einmal drum herumlaufen, bis sie den Eingang gefunden haben. Es riecht ganz stark nach Pferd und nach was anderem, und Menschen in Reithosen laufen herum, und da kommt auch schon Gesine auf sie zu. »Prima, ihr seid ja superpünktlich«, sagt sie. »Hier entlang.« Sie führt Freda und Janka zwischen Stallboxen mit Pferden hindurch in einen Umkleideraum.

»Hier zieht ihr euch um. Turnzeug und Schläppchen, klar?«

»Klar«, sagt Janka.

»In zehn Minuten holt euch Mario ab, ich muss jetzt Bajazzo fertig machen«, sagte Gesine noch, und dann geht sie.

Bajazzo? Fertig machen?

Freda und Janka schauen sich ratlos an.
Während sie sich umziehen, kommen immer
mehr Mädchen in den Raum, manche älter,
manche so alt wie sie, manche sogar noch
jünger.

Dann kommt Mario und führt alle in die Reithalle.
Dort steht Gesine neben einem riesengroßen
Pferd. Es hat vorn am Maul eine ganz lange
Leine und statt eines Sattels einen breiten Gurt
mit Griffen. Gut zum Festhalten, denkt Freda.
Dann rutscht man nicht auf der anderen Seite
runter.

Gesine hat eine lange Peitsche in der einen Hand, in der anderen hält sie das Ende der langen Leine. Sie lässt das Pferd jetzt im Kreis laufen und dann gibt sie das Kommando: »Galopp, Bajazzo«, und bewegt die Peitsche ein bisschen, aber sie tut dem Pferd damit nicht weh. Aha, das Pferd ist also dieser Bajazzo, alles klar, denkt Freda. Sie stellt sich mit Janka hinter den anderen bei Gesine auf und da läuft schon die Erste los. Sie läuft an dem langen Seil entlang, ergreift die beiden Griffe an dem Gurt, läuft noch drei Schritte und dann schwingt sie sich auf den Pferderücken.

»Gut gemacht, Britta«, ruft Gesine. »Pfanne!« Das Mädchen auf dem Pferd kniet sich jetzt auf das Pferd und dann streckt sie ein Bein gerade nach hinten.

»Setzen«, ruft Gesine und die Reiterin sitzt wieder.

Freda und Janka glotzen mit offenem Mund. Das sah ja mächtig elegant aus!

Die Nächste stellt sich sogar aufrecht hin,

während Bajazzo immer weiter seine Runden
trabt. Dann kommt ein Junge dran, der streckt
sein Bein durch eine seitliche Schlaufe am Gurt
und lässt sich auf der anderen Seite vom Pferd
runterhängen.

Todschick sieht das aus! Das möchte Freda am
liebsten sofort auch machen!

Jetzt ist sie dran.

»Britta, Hilfestellung«, sagt Gesine.

Britta stellt sich hinter Freda auf.

»Du musst an der Longe entlanglaufen, die
Griffe schnappen und erst mal mit dem Pferd
mitlaufen. Dann sag ich ›Hopp!‹, und Britta gibt
dir einen Schubs. Okay?«

»Klar«, sagt Freda, obwohl sie gar nichts kapiert
hat. Dann läuft sie los.

Als sie bei Bajazzo ist, findet sie ihn riesig groß
und sie muss sich sehr anstrengen, um an die
Griffe zu kommen. Sie läuft neben ihm her und
ist froh, dass sie nicht stolpert. »Gut!«, ruft
Gesine. »Und jetzt: hoch!«
»Hopp!«, sagt Britta, und Freda zieht sich hoch,
aber sie schafft es nicht ganz bis auf Bajazzos
Rücken. Doch gerade, als sie denkt, jetzt muss
sie weiter nebenherlaufen, kriegt sie von unten
einen Schubs und – schwupps! – sitzt sie oben

hinter dem Gurt. Bajazzo galoppiert immer weiter und Freda findet es toll! Sie könnte endlos hier sitzen bleiben und immer so lässig im Kreis rumgaloppieren. Aber da ruft Gesine:

»Okay, komm wieder runter!«, und Freda macht es genau so, wie sie das bei den anderen vorher gesehen hat: Sie nimmt das äußere Bein hoch, legt sich nach vorn und lässt sich wieder nach innen runtergleiten. Dann läuft sie an der Longe entlang zurück.

Janka steht bei Gesine und ist jetzt dran.

Sie schaut Freda ängstlich an.

»Ist supertoll«, schnauft Freda. »In echt.«

»Du hast da gehangen wie ein Klammeraffe«, zischt Janka.

»Los, Janka, du bist dran«, mahnt Gesine.

»Ha«, sagt Freda. »Viel Glück, du nasser Sack!«

Manche lernen es nie

Freda hat gar nicht gewusst, dass sie so viele
Muskeln hat. Und eigentlich will sie es auch gar
nicht so genau wissen, lieber wäre es ihr, wenn
diese blöden Muskeln alle von allein richtig
funktionieren würden.
»Schultern zurück«, sagt Konrad, der Reitlehrer.
Er steht in der Mitte der Reitbahn und betrachtet
alle fünf Reitschüler. Leider betrachtet er sie
nicht nur, sondern er ist auch dauernd am
Meckern. Freda findet Konrad einseitig. Nie sagt
er mal was Nettes, immer ist er nur am
Korrigieren.
Er korrigiert den Sitz, die Armhaltung, die
Kopfhaltung, die Schenkel und die Füße.
Und wenn Freda das mit den Schenkeln richtig
macht, hat sie garantiert den Kopf vergessen,

oder sie hält den Zügel nicht mehr richtig oder sie sitzt nicht gerade.

»Freda, du hängst auf dem Pferd wie ein Schluck Wasser«, sagt Konrad, und Freda würde ihm am liebsten eine scheuern. Der hat ja keine Ahnung, wie schwer es ist, alle seine Kommandos auf einmal zu befolgen! Dauernd rummosern ist gemein!

Sie beißt die Zähne zusammen. Von Konrad

lässt sie sich das Reiten nicht vermiesen, von dem schon gar nicht! Nächste Woche ist Gesire wieder da, bei der macht das Reitenlernen viel mehr Spaß, die findet auch immer, dass man irgendwas gut macht.

Aber Konrad, also nee, das ist so ein richtiger Meckerheini.

Freda seufzt. Jetzt mault Konrad an Janka herum. »Die Zügel bisschen fester nehmen«, kommandiert er. »Dein Pferd schlappt ja rum wie ein Maulesel!«

Gerrit hinter Janka lacht laut.

Klar, die kann lachen, die reitet ja auch schon seit zwei Jahren, da muss sie doch mehr können als Freda und Janka, die gerade erst mit reiten angefangen haben.

»Abteilung halt!«, sagt Konrad und Freda zieht die Zügel beide vorsichtig an, damit es dem Pferd im Maul nicht wehtut. Leider geht es noch drei Schritte, und das hat Konrad natürlich gleich wieder gesehen. »Wenn ich halt sage, meine ich halt!«, bölkt er los. »Freda, komm mal rein!« Oh nein, das hasst Freda wie die Pest! Jetzt wird sie allein drangenommen und die andern sehen alle zu. Mistikack! Sie treibt Blümchen an und reitet zu Konrad hin.

Dann pariert sie durch, wie sie es gelernt hat, und diesmal nimmt sie die Zügel etwas fester ran. Blümchen bleibt auch prompt stehen. »Na, bitte, es geht doch«, sagt Konrad und schickt Freda wieder in die Abteilung zurück.

Sie reiten Trab, Galopp, sie reiten Volten und auf dem Zirkel, Freda dreht sich schon der Kopf, aber glücklicherweise ist sie ja nicht die Erste, sondern braucht immer nur das nachzumachen, was Britta vor ihr macht.

Am Schluss der Reitstunde ist sie fix und fertig und Janka auch. Sie satteln die Pferde ab, nehmen das Zaumzeug ab, legen das Stallhalfter an. Nun noch striegeln und Hufe kratzen und dann führen sie die Pferde zurück in die Box.

Im Umkleideraum lässt sich Janka auf eine Bank
plumpsen und japst: »Ich kann nicht mehr!«
»Weil du noch ein Baby bist«, sagt Gerrit
hochnäsig. »Und außerdem:
Manche lernen es nie!«
»Gerrit!«, brüllt da jemand.
Konrad.
»Komm sofort her!«
Gerrit kriegt einen knallroten Kopf und saust aus
dem Umkleideraum zum Boxengang. Freda und

Janka mit den andern flitzen hinterher. »Gerrit!
Sieh her! Du hast die Box aufgelassen! Was
meinst du, was passiert, wenn die Pferde hier
spazieren gehen können?«, poltert Konrad.
Freda zuckt mit den Achseln und grinst. »Manche
lernen es nie«, sagt sie, und Janka ergänzt:
»Andere später!«, und dann prusten sie los.

Rauf und runter, runter und rauf

Heute darf Freda zum ersten Mal mit Gesines Abteilung ausreiten. Sie ist ganz aufgeregt, denn sie war noch nie mit einem Pferd im Gelände. Sie soll Gandolf satteln, das Islandpferd, und gibt sich große Mühe. Sie legt den Sattel ordentlich auf die Satteldecke, von vorn nach hinten, und dann zieht sie den Sattelgurt fest an, stellt die Steigbügel auf die richtige Länge – vier Löcher von unten – und klopft Gandolf ein paar Mal freundlich den Hals, damit er ja weiß, was für eine nette Reiterin er gleich haben wird. Gandolf findet aber das Leckerli viel besser, das

Freda ihm heimlich nach dem Satteln zusteckt.
Er stupst Freda mit seinem weichen Maul an, als
ob er noch mehr möchte. Aber Gesine möchte
nicht, dass die Pferde zwischendurch Leckerlis
bekommen, nur dann, wenn sie es erlaubt. Das
findet Freda ganz schön knauserig.

Alle Reitschüler führen ihr Pferd aus der
Reithalle und steigen draußen auf.
Glücklicherweise ist Gandolf nicht so groß und
Freda schafft es fast ganz allein, Gesine muss
nur ein klitzekleines bisschen helfen. Sie soll
direkt hinter Gesine reiten, weil sie die Jüngste
ist. Da die Reithalle direkt am Stadtpark liegt,
reiten sie durch den Park.

Zuerst sind da noch Fußgänger und Radfahrer
und Spaziergänger und sie müssen alle ganz
langsam im Schritt reiten. Aber dann kommen sie
in ein anderes Parkgebiet, da sind kaum Leute.

»Te-rab«, ruft Gesine und Freda wippt auf und nieder, weil Gandolf schon angetrabt ist, bevor sie ihm die Hilfen gegeben hat. Das ist vielleicht ein Schlauer!

Der hat Gesine einfach gleich verstanden. Freda trabt, mit aussetzen, so wie sie es in der Reithalle geübt hat. Manchmal knallt sie etwas hart in den Sattel, aber Gandolf nimmt das nicht

übel. Jetzt sind sie am Rand des Stadtparks angelangt und biegen in einen Feldweg ein. Schnurgerade verläuft der zwischen Wiesen entlang.

Gesine wartet, bis alle auf dem Weg sind und dann ruft sie: »Galopp!« Freda gibt die richtigen Hilfen, sie beugt sich ein bisschen nach vorn, und legt die Unterschenkel an. Zur Sicherheit sagt sie noch einmal:

»Galopp, los, Gandolf, aber plötzlich!«, und wirklich, Gandolf galoppiert an.

Aber vielleicht hat er das nur Gesines Pferd nachgemacht, so genau weiß Freda das nicht. Galoppieren ist wunderherrlich!

Die Wiesen links und rechts fliegen nur so vorbei, die Luft umfächelt ihr Gesicht, aber es ist viel toller als Rad fahren, weil sie gar nicht strampeln muss, sondern nur draufsitzen! Das ist megasuper! Freda lacht. Sie kann reiten! Sie kann galoppieren!

Gesine dreht sich im Sattel um und vergewissert sich rasch, dass alle hinter ihr sind.

Fredas Wangen glühen.

Sie ist eine richtige echte Reiterin!

Durch die Prärie und die Pampas, Volldampf voraus, es ist einfach wunderbar!

Dann passiert alles blitzschnell.

Auf einmal weht eine bunte Plastiktüte von der Seite auf den Weg, Gandolf macht einen Hopser, Freda verliert das Gleichgewicht und merkt zu ihrem Entsetzen, dass sie ins Rutschen kommt. »Haaaalt!«, schreit sie. »Haaalt!«

Aber Gandolf hält nicht an, und Freda hat total vergessen, wie man ein Pferd zum Halten bringt.

Sie merkt, dass sie einen Steigbügel verloren
hat und jetzt gibt es kein Halten mehr.
Bumms! Liegt sie auf dem Weg.
Gesine hat etwas gemerkt und hält an, die
anderen hinter Freda ebenfalls.
Gesine gleitet aus dem Sattel und führt ihr Pferd
zu Freda, Gandolf bringt sie gleich mit. Der ist
nach Fredas unfreiwilligem Abstieg noch ein
paar Meter weitergaloppiert, aber dann hat er
angehalten und sich einfangen lassen.
»Na, Freda, alles okay?«, fragt Gesine besorgt.
Freda steht langsam wieder auf. Irgendwo hat

sie bestimmt riesengroße blaue Flecken,
jedenfalls hat sie sich ziemlich wehgetan. Aber
gebrochen ist nichts, sie kann Arme und Beine
gut bewegen und auf dem Kopf hatte sie ja zum
Glück die feste Reitkappe. »Alles okay«, sagt sie
leise.
»Dann mal gleich wieder rauf«, sagt Gesine und
stellt Gandolf so neben Freda, dass die das
Zaumzeug ergreifen kann.
Freda beißt die Zähne
zusammen und gibt sich
einen Ruck. Alle Reiter
fallen mal runter, hat
Gesine neulich gesagt.

Das ist keine Schande. Man muss nur gleich wieder aufsteigen. »Hrrrm.« Freda räuspert sich und überlegt blitzschnell, ob sie was von einem gestauchten Arm erzählen soll und lieber zu Fuß zum Reitstall zurückkehrt.

Aber dann sieht sie Gandolfs große braune Augen direkt neben sich und muss lachen.

»Du Schisser«, sagt sie. »Wegen einer blöden Plastiktüte machst du solche Zicken!« Und dann steigt sie wieder auf. Einfach so.

Aufsteigen hat sie ja schon ganz gut gelernt. Und als Nächstes lernt sie draufbleiben.

Drei sind fast eine Riege

Es klingelt.

Freda wundert sich: Janka wollte sie doch erst um halb drei abholen – dann hatten sie noch eine Stunde Zeit, um zur Reithalle zu fahren. Sie schnappt sich ihren Beutel mit den Turnschläppchen und flitzt die Treppe runter. Mama hat die Haustür schon geöffnet. Draußen steht Karen.

»Hallo«, sagt Freda verblüfft. »Bist du schon zurück?«

»Was heißt hier schon?«, knurrt Karen. »Hast du denn vergessen, dass ich heute wiederkomme?«

»Nee, nee«, sagt Freda ganz schnell, aber natürlich hat sie es ganz und total vergessen. Karen wollte ja nur drei Wochen bei ihren

Großeltern bleiben. Komisch, wie schnell drei
Wochen herum sind, wenn man mit Voltigieren,
Reitenlernen und Radtouren zu Bauer Harms'
Fohlen beschäftigt ist.
»Gehst du turnen?«, fragt Karen.
»Wieso?«, fragt Freda verdutzt zurück.
Karen zeigt auf den Turnbeutel.
»Ach das. Nein, das brauch ich zum
Voltigieren.«
»Zum Volti . . . was?« Karen sieht Freda ganz
streng an, so streng, dass Freda ganz kribbelig
wird.
»Zum Voltigieren, ich lerne jetzt nämlich
Reiten«, sagt sie ganz schnell.

»Aber warum stehst du denn da rum? Komm doch rein.«

»Danke. Bisher hat mich ja noch keiner dazu aufgefordert«, sagt Karen spitz und kommt rein. Freda macht die Tür zu.

»Hö, hö«, macht Freda. »Jetzt tu nicht so. Irgendwie musste ich die Zeit ohne dich doch rumkriegen, oder?«

»Hm.« Karen zieht ihre Jacke aus und hängt sie an die Garderobe. »Und warum reitest du? Bist du jetzt vielleicht in Pferde verliebt oder so?«

»Quatsch«, sagt Freda, aber sie merkt, dass sie
vor lauter Stress einen roten Kopf kriegt.
»Aber Reiten macht Spaß. Und Voltigieren auch.
Das ist so was wie Turnen auf einem Pferd«,
fügt sie schnell hinzu, als sie sieht, dass Karen
einen Flunsch zieht. »Wir können es jetzt schon
ganz gut.«
»Wer ist wir?«, fragt Karen, während sie die
Treppe hoch zu Fredas Zimmer gehen.
»Na, Janka und ich.« Mittlerweile hat Freda
bestimmt auch schon rote Ohren,
sie fühlt richtig, wie die brennen.
Karen stellt aber auch immer
blöde Fragen.
»Ach, Janka?«, sagt Karen

ganz gedehnt und setzt sich auf Fredas Sitzball.
»Du reitest mit Janka, ja?«

»Na und? Was ist denn da dabei?« Fredas
Peinlichkeit hat sich in Wut verwandelt. »Warum
soll ich nicht mit Janka reiten dürfen, hä?«

»Vielleicht, weil ich deine Freundin bin«,
entgegnet Karen ganz cool. »Freundinnen
ziehen nicht mit anderen Leuten los.«

»Janka ist doch kein anderer Leut! Du spinnst
ja!« Freda tippt sich an die Stirn. »Die sitzt an
unserem Vierertisch, die war auf der
Klassenfahrt bei uns auf dem Zimmer, was soll
denn so ein Gelaber?«

Es klingelt wieder an der Haustür.

Oh, Mist, das ist bestimmt Janka!

Freda trippelt von einem Fuß auf den anderen.

Karen ist aber auch soo zickig heute!

»Freda, Janka ist da!«, ruft Mama von unten.

»Ich komme schon!«, ruft Freda, aber sie bleibt
stehen, wo sie steht.

»Na los, geh doch schon zu deiner Janka«, sagt
Karen mit einer ganz bösen Stimme. »Du willst
doch bestimmt mit deiner lieben Janka
Hoppe-hoppe-Reiter machen!«

Freda wird ganz schlecht vor Wut!
Karen kann aber auch so was von voll eklig sein!
Sie will schon was ganz Gemeines zu Karen
sagen, da sieht sie auf einmal, wie die sich mit
dem Sitzball umdreht und die Schultern hängen
lässt. Karen sieht auf einmal ganz traurig aus.
»He, du alte Quietschmadam«, sagt Freda und
stupst Karen an die Schulter. »Ich hab doch die
ganze Zeit auf dich gewartet, damit du
mitkommst, du blöde Nuss. Ich hab mich doch
schon wie blöd darauf gefreut, dass wir beide da
zusammen voltigieren. Das ist super, wirklich!
Du findest es auch bestimmt ganz toll!«

»Meinste?« Karen hat sich wieder ein bisschen
zu Freda umgedreht und schaut blinzelnd hoch.
»Klar, mein ich das. Du kannst meine alten
Schläppchen haben und eine Turnhose find ich
auch noch für dich. Gesine erlaubt bestimmt,
dass du mitmachen darfst.«
»Jaaa?« Karen steht auf und geht an Freda vorbei
zur Tür. »Das mit diesem Volti . . ., du weißt schon,
also das wollte ich sowieso schon längst mal
probieren. Das ist doch pupsleicht, oder?«
»Na klar, pupsleicht«, sagt Freda. Sie hat
gerade in ihrer Schublade eine Turnhose

gefunden und holt sie heraus. Jetzt noch die alten Schläppchen –

»Freda, wann kommst du denn?«, ruft Janka von unten. »Soll ich hochkommen?«

»Nicht nötig«, schreit Freda. »Wir sind fertig.« Dann geht sie mit Karen die Treppe runter und ruft: »He, ist das nicht toll? Jetzt sind wir schon zu dritt beim Voltigieren.« Sie zeigt auf Karen, die hinter ihr herkommt.

»Hallo, Karen!«, sagt Janka und lacht. »Das finde ich echt klasse.«

»Los, ihr Trantüten!«, schreit Freda, die vor

lauter Erleichterung am liebsten singen würde.
»Bajazzo wartet schon!«
»Bajazzo?« Karen sieht die beiden anderen
verständnislos an.
»Na, Bajazzo, das ist unser Voltigierpferd«, sagt
Janka. »Den lernst du gleich kennen, samt
Longe und allem.«
»Longe, klar«, sagt Karen, und Freda muss
lachen. Soll Karen ruhig so tun, als wüsste sie
schon alles – Hauptsache, sie macht beim
Reiten mit!

LESEPROFI

Freda-Geschichten sind lustig und frech, kritisch und nachdenklich, immer mitten aus dem Leben gegriffen, originell und eigensinnig – genau wie Freda selbst.

Frischer, junger Lesestoff zum Lachen und Nachdenken.